Aprende Docker Jugando

Lampert Alan

Para poder aprender jugando con Docker, primero tenemos que entender qué es Docker.

Docker es una plataforma de código abierto que permite la creación, implementación y ejecución de aplicaciones en entornos aislados llamados contenedores. Estos contenedores contienen todo lo necesario para que una aplicación funcione correctamente, incluyendo el código, las bibliotecas y las dependencias.

Imagina que los contenedores son como cajas virtuales que contienen una aplicación y todo lo que necesita para ejecutarse, sin importar el sistema operativo subyacente. Esto significa que puedes desarrollar una aplicación en tu máquina local y luego ejecutarla en cualquier entorno compatible con Docker, sin preocuparte por las diferencias de configuración o dependencias.

Docker también ofrece una amplia gama de herramientas y características que facilitan la administración y el despliegue de aplicaciones en contenedores. Puedes crear imágenes de contenedor, que son plantillas para la creación de nuevos contenedores, y compartir esas imágenes con otros desarrolladores. Además, Docker permite la orquestación de contenedores, lo que significa que puedes administrar y escalar fácilmente tus aplicaciones en un entorno de producción.

Aprender Docker te brindará habilidades valiosas en el desarrollo y despliegue de aplicaciones modernas. Al jugar con Docker, podrás experimentar con los comandos básicos, crear tus propios contenedores personalizados, desplegar aplicaciones y explorar características avanzadas como la gestión de redes y volúmenes.

Así que ¡prepárate para aprender jugando con Docker! Sumérgete en este emocionante mundo y descubre cómo esta tecnología revolucionaria está cambiando la forma en que desarrollamos y desplegamos aplicaciones. ¡Diviértete mientras aprendes y expande tus habilidades en Docker!

Para lograr entender la amplitud de Docker, debemos conocer también el termino de Microservicios

APP Monolítica vs Microservicios

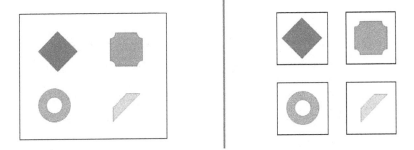

Los microservicios son un enfoque arquitectónico para el desarrollo de aplicaciones, donde una aplicación monolítica se divide en un conjunto de servicios pequeños e independientes que trabajan juntos para cumplir una funcionalidad completa.

Cada microservicio se enfoca en una tarea específica y se puede desarrollar, **implementar y escalar de forma independiente**. Estos servicios se comunican entre sí a través de interfaces bien definidas, generalmente a través de API RESTful, y pueden ser implementados utilizando diferentes tecnologías o lenguajes de programación según sea necesario.

La ventaja de los microservicios es que permiten una mayor flexibilidad y escalabilidad en el desarrollo y despliegue de aplicaciones. Cada microservicio puede **ser actualizado o reemplazado sin afectar a los demás**, lo que facilita la evolución y el mantenimiento de la aplicación en el tiempo. Además, los microservicios permiten una mayor modularidad y reutilización del código, ya que cada servicio puede ser desarrollado y probado de forma independiente.

En el libro, exploraremos cómo utilizar Docker para implementar y orquestar microservicios, aprovechando sus capacidades de contenerización y gestión de aplicaciones. Aprenderemos cómo construir imágenes de Docker para cada servicio, cómo definir y administrar las interacciones entre ellos, y cómo escalar y mantener los microservicios en entornos de producción.

Los microservicios son una poderosa herramienta en el desarrollo de aplicaciones modernas y Docker proporciona la infraestructura necesaria para facilitar su implementación y gestión. ¡Sigue leyendo "Aprende Docker Jugando" para profundizar en este fascinante tema y descubrir cómo aprovechar al máximo los microservicios en tu propia aplicación!

Vamos a ver un poco la historia de Docker, esta es la parte quizás "Más aburrida" del libro, pero siempre es necesario saber cómo se creó.

La historia de Docker comienza en el año 2013, cuando Solomon Hykes y su equipo en dotCloud estaban trabajando en el desarrollo de una plataforma de alojamiento de aplicaciones en la nube. Durante el proceso, se dieron cuenta de que existían numerosos desafíos en la creación y gestión de entornos de desarrollo y despliegue consistentes.

Con el objetivo de solucionar estos problemas, Hykes decidió crear **una herramienta que permitiera empaquetar aplicaciones y sus dependencias en contenedores ligeros y portables.** Así nació Docker, como un proyecto de código abierto que se convirtió rápidamente en un gran avance en el mundo de la virtualización y el despliegue de aplicaciones.

La clave del éxito de Docker fue su enfoque en la utilización de tecnologías subyacentes, como los espacios de nombres y los grupos de control del kernel de Linux, para proporcionar aislamiento y gestión eficiente de los contenedores. Esto permitió a los desarrolladores crear, compartir y desplegar aplicaciones de manera rápida y consistente en cualquier entorno, desde el desarrollo local hasta la nube.

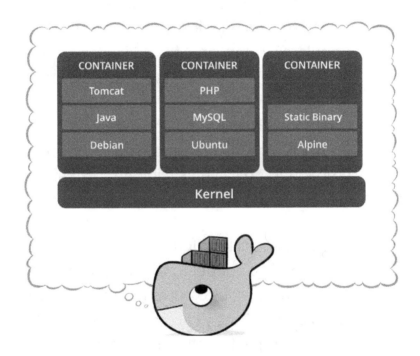

Docker se hizo popular rápidamente y atrajo la atención de la comunidad de desarrolladores, lo que llevó a la creación de Docker, Inc. en 2013. La compañía se centró en impulsar el desarrollo y la adopción de Docker, y lanzó herramientas y servicios adicionales para facilitar el uso de contenedores en entornos empresariales.

A lo largo de los años, Docker se ha convertido en una de las tecnologías más populares y ampliamente utilizadas en la industria de la tecnología. Ha revolucionado la forma en que se desarrollan, despliegan y ejecutan aplicaciones, al proporcionar un enfoque estandarizado y portátil para el empaquetado y la ejecución de software.

Hoy en día, Docker sigue evolucionando y desempeña un papel fundamental en la adopción de arquitecturas modernas, como los microservicios y la computación en la nube. Su impacto en la industria ha sido significativo y continúa siendo una herramienta esencial para desarrolladores y operadores de sistemas en todo el mundo.

Ahora que ya sabemos cómo y quién lo creo ¿cómo virtualiza o hace su magia Docker?

Docker utiliza una tecnología de virtualización ligera llamada "contenedores" para lograr su virtualización. A diferencia de las máquinas virtuales tradicionales, que requieren un sistema operativo completo para cada instancia, los contenedores de Docker comparten el mismo kernel del sistema operativo subyacente.

La virtualización basada en contenedores de Docker se logra mediante el uso de características clave del kernel de Linux, como los espacios de nombres (namespaces) y los grupos de control (cgroups). Los espacios de nombres permiten que los procesos en un contenedor vean solo su propio entorno aislado, lo que proporciona una separación efectiva de recursos y sistemas de archivos entre los contenedores y el sistema host. Los grupos de control permiten limitar y gestionar los recursos asignados a cada contenedor, como la cantidad de CPU, memoria y almacenamiento.

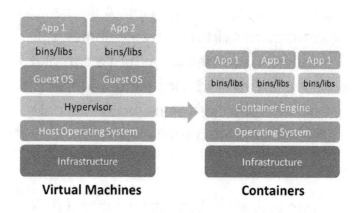

Virtual Machines   **Containers**

Al virtualizar a nivel de contenedor en lugar de a nivel de máquina virtual, Docker ofrece una mayor eficiencia y rendimiento. Los contenedores son más livianos, se inician más rápido y tienen menos sobrecarga en comparación con las máquinas virtuales tradicionales. Además, los contenedores de Docker son portables, lo que significa que pueden ejecutarse en cualquier sistema operativo o infraestructura que admita Docker, lo que facilita la implementación y el despliegue de aplicaciones en diferentes entornos.

En resumen, Docker virtualiza utilizando contenedores, aprovechando las características del kernel de Linux y proporcionando aislamiento, gestión de recursos y portabilidad para las aplicaciones y servicios desplegados en ellos. Esta tecnología de virtualización ligera ha hecho de Docker una herramienta popular y poderosa para la creación, distribución y ejecución de aplicaciones en entornos modernos de desarrollo y producción.

Sabiendo que es, como se creó y como virtualiza,

podemos empezar instalando el mismo.

- Visita el sitio web oficial de Docker (https://www.docker.com/) y busca la sección de descargas. Allí encontrarás las versiones disponibles para diferentes sistemas operativos. Selecciona la versión adecuada para tu sistema y haz clic en el enlace de descarga.
- Una vez que se haya descargado el instalador de Docker, ábrelo y sigue las instrucciones del asistente de instalación. Esto puede variar dependiendo del sistema operativo que estés utilizando. Asegúrate de leer y aceptar los términos y condiciones antes de proceder.
- Una vez que la instalación esté completa, puedes verificar si Docker se ha instalado correctamente ejecutando el comando "docker --version" en la línea de comandos. Deberías ver la versión de Docker que has instalado.

Ahora tienes Docker instalado en tu sistema y estás listo para comenzar a utilizarlo para crear, administrar y ejecutar contenedores.

No containers running

Try running a container: Copy and paste this command into your terminal and then come back

```
docker run -d -p 80:80 docker/getting-started
```

Explore more in the Docker Docs

A Continuación, veremos algunos comandos básicos de Docker, y la definición de cada uno.

docker run: Este comando se utiliza para ejecutar un contenedor a partir de una imagen. Es la forma más común de iniciar y ejecutar un contenedor Docker.

docker build: Con este comando, puedes construir una imagen personalizada a partir de un archivo Dockerfile. El Dockerfile contiene las instrucciones para construir la imagen.

docker pull: Utiliza este comando para descargar una imagen de Docker desde un repositorio remoto. Esto te permite obtener imágenes preconstruidas y listas para usar en tu entorno Docker.

docker images: Muestra una lista de todas las imágenes de Docker disponibles en tu sistema. Puedes ver el nombre de la imagen, su ID, tamaño y la etiqueta asociada.

docker ps: Muestra una lista de todos los contenedores en ejecución. Puedes ver información como el ID del contenedor, el nombre, el estado y los puertos expuestos.

docker stop: Detiene un contenedor en ejecución. Debes especificar el ID o el nombre del contenedor que deseas detener.

docker rm: Elimina uno o más contenedores. Puedes especificar el ID o el nombre del contenedor que deseas eliminar.

docker exec: Ejecuta un comando dentro de un contenedor en ejecución. Puedes usar este comando para acceder a una terminal interactiva dentro del contenedor y ejecutar comandos en su entorno.

docker network: Este comando permite administrar las redes de Docker. Puedes crear, eliminar y administrar redes para conectar contenedores.

docker volume: Con este comando, puedes administrar los volúmenes de Docker. Los volúmenes son mecanismos para persistir datos y compartirlos entre contenedores.

"Recuerda que estos son solo algunos de los comandos básicos de Docker. Existen muchos más comandos y opciones disponibles para adaptarse a tus necesidades específicas. "

Ahora conociendo que es, como se creó y como funciona, podemos empezar a hacer algunas actividades con Docker. O eso Pensamos, pero nos está faltando un detalle, que archivos entiende, como se crea un contenedor, ¿existe algún repositorio? Y mucha más

información que vamos a ver en este apartado.

Antes de comenzar con las actividades prácticas en Docker, es importante comprender algunos conceptos adicionales. Aquí hay información adicional que te ayudará a familiarizarte más con Docker:

1. **Imágenes y contenedores:** En Docker, una imagen es un paquete que incluye todo lo necesario para ejecutar una aplicación, incluidas las dependencias, el código y las configuraciones. Un contenedor es una instancia en ejecución de una imagen. Puedes crear y ejecutar múltiples contenedores basados en una misma imagen.

2. **Dockerfile:** Un Dockerfile es un archivo de texto que contiene una serie de instrucciones para construir una imagen personalizada. Puedes

especificar la base de la imagen, copiar archivos, instalar dependencias y configurar el entorno dentro del Dockerfile. Luego, puedes usar este archivo para construir la imagen utilizando el comando `docker build`.

3. **Registro de Docker:** Docker cuenta con un registro público llamado Docker Hub, donde puedes encontrar imágenes predefinidas creadas por la comunidad. Puedes buscar y descargar estas imágenes desde el registro para usarlas en tus proyectos. También puedes crear y subir tus propias imágenes al registro.

4. **Volúmenes:** Los volúmenes en Docker son mecanismos para persistir datos más allá del ciclo de vida de un contenedor. Puedes montar volúmenes para almacenar datos importantes y compartirlos entre contenedores.

5. **Redes en Docker:** Docker permite crear redes virtuales para conectar contenedores entre sí y con el host. Esto facilita la comunicación y la colaboración entre diferentes contenedores.

Estos son solo algunos aspectos clave de Docker que te ayudarán a entender mejor cómo funcionan los contenedores y cómo trabajar con ellos. A medida que te sumerjas más en Docker, descubrirás otros conceptos y funcionalidades que te permitirán aprovechar al máximo esta herramienta.

Recuerda que la documentación oficial de Docker y otros recursos en línea son excelentes fuentes de información para ampliar tus conocimientos y explorar todas las posibilidades que ofrece Docker. ¡Disfruta aprendiendo y experimentando con Docker!

¿Como está compuesto un Docker file?

Un Dockerfile es un archivo de texto plano que contiene un conjunto de instrucciones para construir una imagen de Docker. Estas instrucciones definen los pasos necesarios para configurar el entorno y las dependencias de una aplicación dentro del contenedor.

A continuación, te mostraré los componentes básicos que pueden estar presentes en un Dockerfile:

FROM: Esta instrucción especifica la imagen base a partir de la cual se construirá la nueva imagen. Por ejemplo, `FROM ubuntu:latest` indica que la imagen se basará en la última versión de Ubuntu.

RUN: Con esta instrucción, se ejecutan comandos en la terminal dentro del contenedor para instalar paquetes, configurar el entorno, o realizar cualquier otra acción necesaria durante la construcción de la imagen. Por ejemplo, `RUN apt-get update && apt-get install -y python3` instala Python 3 en el contenedor.

`COPY` o `ADD`: Estas instrucciones se utilizan para copiar archivos o directorios desde la máquina anfitriona al contenedor. Por ejemplo, `COPY app.py /app` copia el archivo `app.py` desde la máquina anfitriona al directorio `/app` dentro del contenedor.

WORKDIR: Esta instrucción establece el directorio de trabajo dentro del contenedor, donde se ejecutarán los comandos posteriores. Por ejemplo, `WORKDIR /app` establece el directorio de trabajo en `/app`.

EXPOSE: Con esta instrucción, se especifica el puerto en el que el contenedor estará escuchando para aceptar conexiones entrantes. Por ejemplo, `EXPOSE 8080` indica que el contenedor estará escuchando en el puerto 8080.

`CMD` o `ENTRYPOINT`: Estas instrucciones se utilizan para especificar el comando o la secuencia de comandos que se ejecutarán cuando se inicie el contenedor. Por ejemplo, `CMD ["python3", "app.py"]` ejecuta el archivo `app.py` usando Python 3 como comando predeterminado.

Estos son solo algunos ejemplos de las instrucciones comunes que se pueden encontrar en un Dockerfile. Puedes combinar y personalizar estas instrucciones según tus necesidades específicas.

Recuerda que un Dockerfile se puede construir utilizando el comando `docker build` y el contexto del contexto de construcción, que incluye los archivos necesarios para la construcción de la imagen.

A continuación, les mostraremos un ejemplo real de un Dockerfile, el mismo expone un servidor Nginx en el puerto 8080 (¿qué es un servidor Nginx? En simples palabras es un servidor web de código abierto)

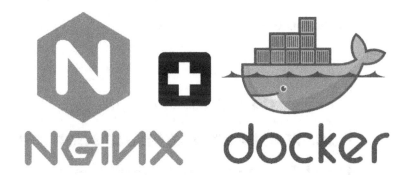

Utilizamos la imagen base de Nginx

FROM nginx:latest

Exponemos el puerto 8080

EXPOSE 8080

Comando predeterminado que se ejecutará cuando se inicie el contenedor

CMD ["nginx", "-g", "daemon off;"]

Recuerda que debes construir la imagen utilizando el comando **docker build** y luego ejecutar un contenedor a partir de esa imagen utilizando el comando **docker run** para que el servidor Nginx se ejecute y esté disponible en el puerto 8080.

Ahora que construimos nuestro primer contenedor de Docker, les daremos algunos ejercicios para que les quede grabado como funciona.

1- Crea un contenedor con una imagen de Ubuntu y ejecuta el comando ls para listar el contenido del directorio raíz.

2- Crea un contenedor con la imagen de MySQL y define una variable de entorno para configurar la contraseña del usuario root.

3- Crea un contenedor con la imagen de Node.js y monta un directorio local como un volumen en el contenedor. Crea un archivo JavaScript en el directorio local y ejecútalo dentro del contenedor.

4- Crea una red de Docker y conecta dos contenedores a esta red. Realiza una solicitud HTTP desde un contenedor al otro utilizando los nombres de los contenedores como hosts.

5- Crea un contenedor con la imagen de PostgreSQL y configura un volumen para persistir los datos de la base de datos en tu máquina host.

6- Crea un contenedor con la imagen de Redis y utiliza el comando redis-cli para interactuar con el servidor Redis desde la línea de comandos.

7- Crea un contenedor con la imagen de Python y monta un directorio local como un volumen en el contenedor. Ejecuta un script de Python dentro del contenedor que utilice las bibliotecas instaladas en el entorno del contenedor.

8- Crea un contenedor con la imagen de Elasticsearch y configura la memoria asignada al contenedor para optimizar el rendimiento de la búsqueda y el almacenamiento de datos.

9- Crea un contenedor con la imagen de Jenkins y configura la integración continua para un proyecto de software. Configura los pasos de compilación, pruebas y despliegue automatizado en el contenedor de Jenkins.

10- Construye tu propia imagen de Docker a partir de un archivo Dockerfile personalizado. Puedes utilizar una imagen base existente y agregar tus propias configuraciones y dependencias.

Resoluciones de los ejercicios

Ejercicio 1

1. Abre una terminal en tu máquina.

2. Asegúrate de tener Docker instalado y en funcionamiento.

3. Ejecuta el siguiente comando para descargar la imagen de Ubuntu desde Docker Hub:

docker pull ubuntu

4. Una vez que la descarga se complete, crea un contenedor basado en la imagen de Ubuntu y ejecuta el comando `ls` para listar el contenido del directorio raíz. Puedes usar el siguiente comando:

docker run ubuntu ls /

5. Verás la lista de archivos y directorios en el directorio raíz del contenedor.

¡Con esto has creado un contenedor con la imagen de Ubuntu y ejecutado el comando `ls` para listar el contenido del directorio raíz!

Ejercicio 2

1. Abre una terminal en tu máquina.

2. Asegúrate de tener Docker instalado y funcionando correctamente.

3. Ejecuta el siguiente comando para descargar la imagen de MySQL desde Docker Hub:

docker pull mysql

4. Una vez que la descarga se complete, crea un contenedor basado en la imagen de MySQL y define la variable de entorno `MYSQL_ROOT_PASSWORD` para configurar la contraseña del usuario root. Puedes usar el siguiente comando:

docker run --name mi-mysql -e MYSQL_ROOT_PASSWORD=mi-contraseña -d mysql

Asegúrate de reemplazar "mi-contraseña" con la contraseña deseada para el usuario root.

5. El contenedor se ejecutará en segundo plano y podrás acceder a él a través de herramientas de administración de MySQL. (con el tag **-d** se ejecutan los contenedores en segundo plano)

Con estos pasos has creado un contenedor con la imagen de MySQL y has definido una variable de entorno para configurar la contraseña del usuario root. Esto te permitirá utilizar y administrar la base de datos dentro del contenedor.

Ejercicio 3

1. Asegúrate de tener Docker instalado y funcionando correctamente.

2. Abre una terminal en tu máquina.

3. Descarga la imagen de Node.js desde Docker Hub ejecutando el siguiente comando:

docker pull node

4. Crea un directorio en tu máquina local donde colocarás el archivo JavaScript. Por ejemplo, puedes crear un directorio llamado `mi-proyecto` con el siguiente comando:

mkdir mi-proyecto

5. Dentro del directorio `mi-proyecto`, crea un archivo JavaScript. Puedes usar cualquier editor de texto para crearlo. Por ejemplo, puedes crear un archivo llamado `app.js` con el siguiente contenido:

javascript

console.log('Hola, mundo!');

6. Ahora, ejecuta el siguiente comando para crear un contenedor basado en la imagen de Node.js y montar el directorio local `mi-proyecto` como un volumen dentro del contenedor:

docker run -v /ruta/a/mi-proyecto:/app -w /app node node app.js

Asegúrate de reemplazar `/ruta/a/mi-proyecto` con la ruta completa al directorio `mi-proyecto` que creaste en el paso 4.

7. El contenedor se ejecutará y el archivo JavaScript `app.js` se ejecutará dentro del contenedor. Verás la salida `**Hola, mundo!**` en la terminal.

Con estos pasos, has creado un contenedor con la imagen de Node.js y has montado un directorio local como un volumen en el contenedor. El archivo JavaScript dentro del directorio local se ejecutará dentro del contenedor. Esto te permitirá desarrollar y ejecutar aplicaciones Node.js dentro de un entorno controlado por Docker.

Ejercicio 4

1. Asegúrate de tener Docker instalado y funcionando correctamente.

2. Abre una terminal en tu máquina.

3. Crea una red de Docker ejecutando el siguiente comando:

docker network create mi-red

4. Crea el primer contenedor y conéctalo a la red creada. Por ejemplo, puedes crear un contenedor con la imagen de Nginx ejecutando el siguiente comando:

docker run -d --name contenedor1 --network mi-red nginx

5. Crea el segundo contenedor y también conéctalo a la misma red. Puedes utilizar cualquier imagen que pueda realizar solicitudes HTTP. Por ejemplo, puedes crear un contenedor con la imagen `curlimages/curl` ejecutando el siguiente comando:

docker run -it --name contenedor2 --network mi-red curlimages/curl

6. Ahora, dentro del contenedor `contenedor2`, puedes realizar una solicitud HTTP al contenedor `contenedor1` utilizando su nombre de host. Por ejemplo, puedes ejecutar el siguiente comando para

hacer una solicitud GET al servidor Nginx en el contenedor1:

curl contenedor1

Esto enviará una solicitud HTTP al contenedor1 y mostrará la respuesta en la terminal del contenedor2.

Con estos pasos, has creado una red de Docker y has conectado dos contenedores a esta red. Puedes realizar solicitudes HTTP desde un contenedor al otro utilizando los nombres de los contenedores como hosts. Esto te permite comunicar fácilmente diferentes contenedores dentro de una red Docker.

[Utilizando el comando **docker exec -it [ID CONTENEDOR] bash** podemos ingresar al contenedor que queramos y ejecutar comandos dentro de su consola]

Ejercicio 5

1. Asegúrate de tener Docker instalado y funcionando correctamente en tu máquina.

2. Abre una terminal en tu máquina.

3. Crea un directorio en tu máquina host donde deseas persistir los datos de la base de datos de PostgreSQL. Por ejemplo, puedes crear un directorio llamado **`pg_data`** en tu directorio actual con el siguiente comando: **mkdir pg_data**

4. Ahora, ejecuta el siguiente comando para crear un contenedor con la imagen de PostgreSQL y configurar un volumen para persistir los datos:

docker run -d --name mi-postgres -v /ruta/al/pg_data:/var/lib/postgresql/data -e POSTGRES_PASSWORD=contraseña postgres

Asegúrate de reemplazar **`/ruta/al/pg_data`** con la ruta completa al directorio **`pg_data`** que creaste en el paso anterior. También puedes cambiar **`contraseña`** por la contraseña que desees para el usuario **`postgres`**.

5. Docker creará un contenedor con la imagen de PostgreSQL y vinculará el directorio del contenedor `/var/lib/postgresql/data` al directorio `pg_data` en tu máquina host. Esto permitirá que los datos de la base de datos se guarden en el directorio `pg_data` y se conserven incluso después de que el contenedor se detenga o se elimine.

Con estos pasos, has creado un contenedor con la imagen de PostgreSQL y has configurado un volumen para persistir los datos de la base de datos en tu máquina host. Esto te permitirá almacenar y acceder a los datos de la base de datos de manera persistente, incluso cuando el contenedor se detenga o se reinicie.

Ejercicio 6

1. Asegúrate de tener Docker instalado y funcionando correctamente en tu máquina.

2. Abre una terminal en tu máquina.

3. Ejecuta el siguiente comando para crear un contenedor con la imagen de Redis:

docker run -d --name mi-redis redis

Esto creará un contenedor con el nombre `mi-redis` utilizando la imagen de Redis. El contenedor se ejecutará en segundo plano (`-d`).

4. Una vez que el contenedor esté en ejecución, puedes interactuar con el servidor Redis utilizando el comando `redis-cli`. Para ello, ejecuta el siguiente comando:

docker exec -it mi-redis redis-cli

Esto te conectará al contenedor y abrirá una sesión interactiva con el cliente de Redis.

5. Ahora puedes utilizar los comandos de Redis para interactuar con el servidor. Por ejemplo, puedes ejecutar el comando `SET` para establecer un valor en una clave:

SET mykey "Hello, Redis!"

Y luego puedes utilizar el comando `GET` para obtener el valor de esa clave:

GET mykey

Puedes utilizar cualquier otro comando de Redis según tus necesidades.

Recuerda que cuando hayas terminado de utilizar el cliente de Redis, puedes salir de la sesión ejecutando el comando `exit` en la terminal.

Ejercicio 7

1. Asegúrate de tener Docker instalado y funcionando correctamente en tu máquina.

2. Abre una terminal en tu máquina.

3. Crea un directorio en tu máquina local donde colocarás el archivo de script de Python. Por ejemplo, puedes crear un directorio llamado `python_scripts`.

4. Dentro del directorio `python_scripts`, crea un archivo de script de Python. Puedes llamarlo `script.py` y agregar el código que deseas ejecutar dentro del contenedor. Por ejemplo, puedes tener el siguiente código en tu archivo `script.py`:

python

print("Hello, Docker!")

5. Ahora, ejecuta el siguiente comando para crear un contenedor con la imagen de Python y montar el directorio local `python_scripts` como un volumen en el contenedor:

docker run -v /ruta/a/python_scripts:/codigo --name mi-python python python /codigo/script.py

Asegúrate de reemplazar `/ruta/a/python_scripts` con la ruta absoluta al directorio `python_scripts` que creaste en el paso anterior.

6. Esto creará un contenedor con el nombre `mi-python` utilizando la imagen de Python. El directorio `python_scripts` en tu máquina local se montará en el directorio `/codigo` dentro del contenedor. El comando `python /codigo/script.py` ejecutará el script de Python dentro del contenedor.

7. Verás que el resultado del script, en este caso, **"Hello, ¡Docker!"**, se mostrará en la salida de la terminal.

Ejercicio 8

1. Asegúrate de tener Docker instalado y funcionando correctamente en tu máquina.

2. Abre una terminal en tu máquina.

3. Ejecuta el siguiente comando para crear un contenedor con la imagen de Elasticsearch y configurar la asignación de memoria:

docker run -d --name mi-elasticsearch -p 9200:9200 -p 9300:9300 -e "discovery.type=single-node" -e "ES_JAVA_OPTS=-Xms512m -Xmx1g" elasticsearch:latest

Este comando crea un contenedor con el nombre `mi-elasticsearch` utilizando la imagen de Elasticsearch. Las opciones `-p 9200:9200` y `-p 9300:9300` mapean los puertos del contenedor al puerto 9200 y 9300 en tu máquina local respectivamente, lo que te permitirá acceder a Elasticsearch desde tu navegador. La variable de entorno `-e "discovery.type=single-node"` configura Elasticsearch en modo de nodo único. La variable de entorno `-e "ES_JAVA_OPTS=-Xms512m -Xmx1g"` configura la asignación de memoria para Elasticsearch, asignando 512 MB de memoria inicial (`-Xms512m`) y 1 GB de memoria máxima (`-Xmx1g`).

4. Espera unos momentos para que el contenedor de Elasticsearch se inicie y esté listo para recibir conexiones.

5. Ahora puedes acceder a Elasticsearch en tu navegador ingresando la siguiente URL: `http://localhost:9200` (o la IP donde estas corriendo Docker). Verás una respuesta JSON con información sobre la instancia de Elasticsearch.

Con estos pasos, has creado un contenedor con la imagen de Elasticsearch y has configurado la asignación de memoria para optimizar el rendimiento de la búsqueda y el almacenamiento de datos. Puedes comenzar a utilizar Elasticsearch para indexar y buscar datos según tus necesidades.

Ejercicio 9

1. Asegúrate de tener Docker instalado y funcionando correctamente en tu máquina.

2. Abre una terminal en tu máquina.

3. Ejecuta el siguiente comando para crear un contenedor con la imagen de Jenkins:

docker run -d --name mi-jenkins -p 8080:8080 -v jenkins_home:/var/jenkins_home jenkins/jenkins:lts

Este comando crea un contenedor con el nombre `mi-jenkins` utilizando la imagen de Jenkins. La opción `-p 8080:8080` mapea el puerto 8080 del contenedor al puerto 8080 en tu máquina local, lo que te permitirá acceder a la interfaz web de Jenkins desde tu navegador. La opción `-v jenkins_home:/var/jenkins_home` crea un volumen llamado `jenkins_home` para persistir los datos de Jenkins en tu máquina local.

4. Espera unos momentos para que el contenedor de Jenkins se inicie y esté listo para recibir conexiones.

5. Abre tu navegador web y accede a la siguiente URL: `http://localhost:8080` (o la IP donde este corriendo Docker). Esto te llevará a la página de configuración inicial de Jenkins.

6. Sigue las instrucciones en pantalla para desbloquear Jenkins y obtener la contraseña de administrador.

7. Completa la configuración inicial de Jenkins siguiendo los pasos proporcionados. [En la web oficial de Jenkins y en otros tutoriales hay un paso a paso para poder realizar la configuración inicial del mismo. En si consiste en ir a una ruta específica y obtener un token de acceso *"/secrets/initialAdminPassword."*]

8. Una vez que hayas configurado Jenkins, puedes crear un nuevo proyecto y configurar los pasos de compilación, pruebas y despliegue automatizado según tus necesidades.

9. Puedes acceder a la interfaz de administración de Jenkins en `http://localhost:8080` para administrar y monitorear tus proyectos de integración continua.

Con estos pasos, has creado un contenedor con la imagen de Jenkins y has configurado la integración continua para un proyecto de software. Ahora puedes utilizar Jenkins para automatizar los pasos de compilación, pruebas y despliegue de tu proyecto.

Ejercicio 10

Con respecto al Ultimo ejercicio de esta primera etapa, no daremos la solución del mismo ya que no hay una solución correcta o incorrecta, ya que cada uno puede crear su propio Dockerfile con el fin para el cual quiera construir el mismo.

Pero no vamos a finalizar el Ejercicio así, sin más. Vamos a dejarles algunos tips o consejos para que puedan armar y construir el mismo:

1. **Utiliza una imagen base adecuada:** Elige una imagen base que se ajuste a tus necesidades y contenga las dependencias y herramientas necesarias para tu aplicación.

2. **Minimiza las capas:** Utiliza comandos RUN y COPY/ADD de manera eficiente para minimizar el número de capas en tu imagen final. Esto ayuda a reducir el tamaño de la imagen y mejora el rendimiento.

3. **Organiza tu archivo Dockerfile:** Separa las instrucciones en secciones lógicas para facilitar la lectura y comprensión del archivo. Por ejemplo, puedes agrupar las instrucciones relacionadas con la instalación de dependencias, la configuración del entorno y la copia de archivos en secciones distintas.

4. **Utiliza variables de entorno:** Define variables de entorno en tu Dockerfile para configurar parámetros personalizables, como puertos, rutas de archivos o credenciales. Esto permite una mayor flexibilidad y reutilización del archivo.

5. **Elimina archivos y dependencias innecesarias:** Limpia los archivos temporales, cachés y paquetes de instalación que ya no son necesarios después de completar una tarea. Esto ayuda a reducir el tamaño de la imagen final.

6. **Utiliza archivos .dockerignore:** Crea un archivo .dockerignore en el mismo directorio que tu Dockerfile para excluir archivos y directorios innecesarios de ser copiados al contenedor. Esto ayuda a reducir el tiempo de construcción y el tamaño de la imagen.

7. **Prioriza la seguridad:** Asegúrate de tomar medidas de seguridad adecuadas, como ejecutar tu aplicación con un usuario no privilegiado y utilizar imágenes de Docker confiables y actualizadas.

8. **Documenta tu Dockerfile:** Proporciona comentarios descriptivos en tu Dockerfile para explicar las diferentes etapas y acciones realizadas. Esto facilita la comprensión y el mantenimiento a largo plazo.

9. **Realiza pruebas locales:** Antes de implementar tu imagen en producción, realiza pruebas locales para asegurarte de

que todo funcione correctamente y cumpla con tus expectativas.

10. **Mantén tu Dockerfile actualizado:** A medida que evoluciona tu aplicación y sus dependencias, es importante mantener tu Dockerfile actualizado para reflejar los cambios y asegurarte de que la imagen generada sea coherente y confiable.

Recuerda que la construcción de un Dockerfile es un proceso iterativo. Experimenta, prueba y mejora gradualmente para lograr un archivo eficiente y optimizado para tu aplicación.

La imagen base o principal de un Dockerfile se basa en un sistema operativo o una imagen existente que proporciona una base para construir tu propia imagen de contenedor.

La elección de la imagen base depende de los requisitos y las necesidades de tu aplicación. Algunas de las imágenes base más comunes son:

1. **Imágenes oficiales:** Docker proporciona una amplia variedad de imágenes oficiales que son mantenidas por los propios desarrolladores del proyecto. Estas imágenes están optimizadas y suelen ser una opción segura y confiable para muchas aplicaciones. Algunos ejemplos incluyen las imágenes de Ubuntu, CentOS, Alpine, etc.

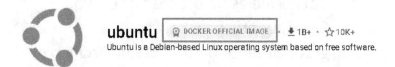

ubuntu ☺ DOCKER OFFICIAL IMAGE • ⬇ 1B+ · ☆ 10K+
Ubuntu is a Debian-based Linux operating system based on free software.

2. **Imágenes especializadas:** Existen imágenes especializadas que se centran en aplicaciones o tecnologías específicas, como imágenes para servidores web como Nginx o Apache, bases de datos como MySQL o PostgreSQL, frameworks de desarrollo como Node.js o Python, entre otros.

3. Imágenes personalizadas: Si necesitas una configuración más específica, puedes construir tu propia imagen personalizada basada en una imagen base existente. Puedes agregar y configurar los componentes necesarios, instalar dependencias y ajustar la configuración según tus necesidades.

jenkinsciinfra/plugin-site-api · ⬇ 1.1K

Updated 4 months ago

Plugin

Linux x86-64

Es importante elegir una imagen base confiable y bien mantenida para asegurarte de tener una base sólida para tu aplicación. Además, considera el tamaño de la imagen y su impacto en el rendimiento y la eficiencia de tus contenedores.

Recuerda que puedes especificar la imagen base en tu Dockerfile utilizando la instrucción `FROM`, seguida del nombre de la imagen y su etiqueta (si es aplicable). Por ejemplo:

FROM ubuntu:latest

Esto indica que estás utilizando la imagen base de Ubuntu en su versión más reciente como punto de partida para construir tu propia imagen de contenedor.

Para cerrar este ejercicio, vamos a dejarles un dockerfile de ejemplo para que vean como se construye el mismo

```dockerfile
# Imagen base
FROM node:14

# Directorio de trabajo en el contenedor
WORKDIR /app

# Copiar archivos de la aplicación
COPY package.json package-lock.json /app/

# Instalar dependencias
RUN npm install

# Copiar el código fuente de la aplicación
COPY . /app

# Puerto expuesto por la aplicación
EXPOSE 3000

# Comando para iniciar la aplicación
CMD ["npm", "start"]
```

¿Como construyo el mismo? Con los
comandos que vimos en la teoría al principio
docker build -t nombre-de-la-imagen

Voy a poder encontrar la misma usando el comando **docker images**

Y utilizando el comando **docker run -d – name nombre-contenedor imagen**

¡Gracias por embarcarte en este viaje de aprendizaje con Docker! Espero que hayas disfrutado de la experiencia y que este libro te haya brindado los conocimientos necesarios para dominar Docker y aprovechar al máximo su potencial. ¡Continúa explorando, creando y haciendo que tus ideas se hagan realidad! ¡Hasta pronto!

¡Saludos Alan!

www.ingramcontent.com/pod-product-compliance
Lightning Source LLC
La Vergne TN
LVHW051619050326
832903LV00033B/4578